BEI GRIN MACHT SICH IHR WISSEN BEZAHLT

- Wir veröffentlichen Ihre Hausarbeit, Bachelor- und Masterarbeit

- Ihr eigenes eBook und Buch - weltweit in allen wichtigen Shops

- Verdienen Sie an jedem Verkauf

Jetzt bei www.GRIN.com hochladen und kostenlos publizieren

Tobias Tilgner

Management öffentlich-rechtlicher Kreditinstitute nach dem Wegfall der Gewährträgerhaftung

GRIN Verlag

Bibliografische Information der Deutschen Nationalbibliothek:

Die Deutsche Bibliothek verzeichnet diese Publikation in der Deutschen National-bibliografie; detaillierte bibliografische Daten sind im Internet über http://dnb.d-nb.de/ abrufbar.

Impressum:

Copyright © 2014 GRIN Verlag GmbH
Druck und Bindung: Books on Demand GmbH, Norderstedt Germany
ISBN: 978-3-656-74839-7

Dieses Buch bei GRIN:

http://www.grin.com/de/e-book/280806/management-oeffentlich-rechtlicher-kre-ditinstitute-nach-dem-wegfall-der

GRIN - Your knowledge has value

Der GRIN Verlag publiziert seit 1998 wissenschaftliche Arbeiten von Studenten, Hochschullehrern und anderen Akademikern als eBook und gedrucktes Buch. Die Verlagswebsite www.grin.com ist die ideale Plattform zur Veröffentlichung von Hausarbeiten, Abschlussarbeiten, wissenschaftlichen Aufsätzen, Dissertationen und Fachbüchern.

Besuchen Sie uns im Internet:

http://www.grin.com/

http://www.facebook.com/grincom

http://www.twitter.com/grin_com

FOM – Hochschule für Ökonomie & Management

Hochschulzentrum Düsseldorf

Berufsbegleitender Studiengang zum Bachelor of Arts (Business Administration)

5. Semester

Seminararbeit im Modul Bankwesen

Management öffentlich-rechtlicher Kreditinstitute nach dem Wegfall der Gewährträgerhaftung

Autor: Tobias Tilgner

10.02.2014

Inhaltsverzeichnis

Abkürzungsverzeichnis

bzw.	beziehungsweise
ca.	circa
d.h.	das heißt
EU	Europäische Union
f.	folgende
Helaba	Landesbank Hessen-Thüringen
o.g.	oben genannt
S.	Seite
SpKG BW	Sparkassengesetz Baden-Württemberg
SpKG NRW	Sparkassengesetz Nordrhein-Westfalen
Vlg.	vergleiche
z.B.	zum Beispiel

Symbolverzeichnis

§   Paragraph

%   Prozent

Tabellenverzeichnis

1. Einleitung

1.1. Problemstellung

In Deutschland sind die Sparkassen bei den Bürgern und Unternehmen beliebt. Daraus resultiert, dass sie mit 51,8 % den größten Marktanteil bei den Hauptbankverbindungen besitzen.[1] Die Sparkassen-Finanzgruppe setzt sich jedoch nicht nur aus den einzelnen regionalverankerten Sparkassen zusammen, sondern auch aus vielen Verbundpartnern, welche Spezialgebiete abdecken, wie z.b. die Deutsche Leasing oder die DekaBank. Auch die Landesbanken gehören der Sparkassen-Finanzgruppe an und übernehmen z.b. einen Großteil des Refinanzierungsgeschäftes.[2]

Aus der Historie heraus sind die Institute regionalverankert und sind in Trägerschaft von Gemeinden, Kreisen, Zweckverbänden oder Ländern.[3] Die staatlichen Institutionen sind die sogenannten Gewährträger. Über die Gewährträgerhaftung wurde die Haftung der Institute auf die Gewährträger übertragen. Dadurch konnte ein Institut in der Sparkassen-Finanzgruppe quasi nicht in die Zahlungsunfähigkeit geraten.

Durch diese Situation war die Refinanzierung der Institute deutlich günstiger, als bei vergleichbaren rein privaten Instituten ohne Gewährträgerhaftung, da für die Refinanzierung das Rating der Bundesrepublik Deutschland herangezogen werden konnte. Die privaten Kreditinstitute sahen somit einen Wettbewerbsvorteil in der Gewährträgerhaftung und legten Beschwerde bei der EU ein, um den staatlichen Wettbewerbsvorteil auszugleichen.

1.2. Zielsetzung und Gang der Arbeit

Die vorliegende Arbeit befasst sich mit der im vorherigen Kapitel aufgeführten Problemstellung des Wettbewerbsvorteils der Sparkassen-Finanzgruppe, welcher durch die Gewährträgerhaftung bedingt ist. Zentrale Zielsetzung ist es, die Frage zu klären, inwieweit die getroffenen Maßnahmen der EU die Wettbewerbssituation verändert haben und welche neuen Anforderungen an das Management der Kreditinstitute gestellt werden.

Die Fragestellung wird in dieser Arbeit wie folgt bearbeitet:

In Kapitel zwei wird zunächst auf die Grundlagen der Gewährträgerhaftung sowie der Anstaltlast eingegangen. Neben den wesentlichen Merkmalen der beiden genannten

---

[1] Vgl. Kellermann B. (2012), S. 23.
[2] Vgl. Deutscher Sparkassen- und Giroverband (2013), S. 60.
[3] Vgl. Hartmann-Wendels T., Weber M., Pfingsten A. (2010), S. 36.

Mechanismen wird zudem die Historie geklärt. Das dritte Kapitel beschäftigt sich mit dem Wegfall der Gewährträgerhaftung, wobei hier insbesondere auf die Gründe, die Durchführung und ebenso auf die daraus resultierenden Folgen eingegangen wird. Im fünften Kapitel wird der Wegfall der Gewährträgerhaftung am Beispiel der Helaba dargestellt. Das sechste Kapitel bildet mit dem Fazit den Abschluss dieser Arbeit.

2. Gewährträgerhaftung und Anstaltlast

2.1. Grundlagen Gewährträgerhaftung

Aufgrund der rechtlichen Einheit waren die Sparkassen bis zum Jahr 1931 rechtlich unselbstständig und es bestand eine unmittelbare Haftung der Kommune für alle Verbindlichkeiten der Sparkasse.[4]

In Folge der Bankenkrise im Jahr 1931 wurden die Sparkassen und Girozentralen durch eine Reform rechtlich verselbstständigt, um somit die unerwünschte Verquickung mit den Kommunen zu beseitigen. Um das Vertrauen zu den neuen selbstständigen Sparkassen nicht zu gefährden, wurde auf die Abschaffung der Haftung für alle Verbindlichkeiten der Sparkassen verzichtet. Damit die Haftung für die selbstständigen Sparkassen sichergestellt wurde, erfolgte die Einführung der Gewährträgerhaftung.[5]

Die Gewährträgerhaftung wurde gesetzlich vorgeschrieben. So bestimmte z.B. § 5 SpkG NRW: *"Für die Verbindlichkeiten der Sparkasse haftet die Gemeinde oder der Gemeindeverband als Gewährträger unbeschränkt. Die Gläubiger der Sparkasse können den Gewährträger nur in Anspruch nehmen, so weit sie aus dem Vermögen der Sparkasse nicht befriedigt werden."* Aus diesen Bestimmungen ergibt sich eine öffentlich rechtliche Ausfallbürgschaft, deren Höhe unbegrenzt ist.[6] Die Gläubiger haben einen unmittelbaren Anspruch an den Gewährträger der jeweiligen Sparkasse oder Landesbank, daher begründet die Gewährträgerhaftung keine Pflichten der Gewährträger gegenüber des Institutes Institut selber.[7]

Es handelt sich außerdem um eine subsidiäre Haftung, d.h. sie wird erst wirksam, wenn die Gläubiger nicht aus dem Vermögen der öffentlich-rechtlichen Institute befriedigt werden können.[8]

2.2. Grundlagen Anstaltlast

Im Gegensatz zur Gewährträgerhaftung war die Anstaltlast zuerst nicht gesetzlich geregelt.[9] Die Anstaltlast besagte, dass der Gewährträger jederzeit seine Sparkasse, bzw.

[4] Vgl. Hasselmann A. (2000), S. 131.
[5] Vgl. Hansmeyer E. (1991), S. 27.
[6] Vgl. Niemeyer B. (1990), S. 182.
[7] Vgl. Hasselmann A. (2000), S. 135.
[8] Vgl. Niemeyer B. (1990), S. 182.
[9] Vgl. Hansmeyer E. (1991), S. 28.

Landesbank, während ihres Bestehens funktionsfähig zu erhalten hat. Gemeint ist hiermit die Ausstattungsverpflichtung des Trägers gegenüber dem öffentlich-rechtlichen Kreditinstitut zur Sicherstellung des öffentlichen Auftrags im Falle einer Unterkapitalisierung.[10] Die Anstaltlast wirkt somit schadensvorbeugend und gehört zu den Sicherungsinstrumenten der Sparkassen und Landesbanken. Bereits Ende des 19. Jahrhunderts wurde dieser Grundsatz vom Preußischen Oberverwaltungsgericht festgestellt und ist seitdem in der Rechtsliteratur allgemein bestätigt wurden.[11] Durch die Gesetzesnovelle im Jahr 1992 wurde er zusätzlich in die Sparkassengesetze aufgenommen, z.B. § 42 Abs. 3 SpkG BW *"Die Gewährträger stellen gemeinsam sicher, daß die Bank ihre Aufgaben erfüllen kann.".*

Aufgrund der Anstaltlast kann die Gewährträgerhaftung nur zum Tragen kommen, wenn der Träger seinen Pflichten aus der Anstaltlast nicht nachkommt. Insoweit besteht die Anstaltlast immer schon vor dem Eingreifen der Gewährträgerhaftung. Dies erklärt, wieso die Anstaltlast im Gegensatz zur Gewährträgerhaftung bereits mehrmals zum Tragen kam. Seit dem Jahr 1972 erhielten fast die Hälfte der Landesbanken von ihren Gewährträgern eine außerordentliche Kapitalzuführung.[12]

---

[10] Vgl. Hasselmann A. (2000), S. 132.
[11] Vgl. Geiger, H. (1992), S. 28.
[12] Vgl. Nachbaur M. (1995), S. 80.

3.   Wegfall der Gewährträgerhaftung

3.1. Gründe

Am 21. Dezember 1999 legte die Europäische Bankenvereinigung Beschwerde bei der Europäischen Kommission ein, welche sich exemplarisch auf die Haftungsgrundlagen der Westdeutschen Landesbank (WestLB), der Stadtsparkasse Köln und der Westdeutschen Immobilienbank (WIB) bezog. Letztlich zielte diese Beschwerde auf alle öffentlich-rechtlichen Kreditinstitute ab.[13] Die privaten Banken sahen in der unbeschränkten, unbefristeten und unentgeltlichen Gewährträgerhaftung und der Anstaltlast eine gemeinschaftsrechtwidrige Beihilfe im Sinne des Art. 87 Abs.1 EGV und damit einen Wettbewerbsvorteil der öffentlich-rechtlichen Kreditinstitute. Die öffentlich-rechtlichen Kreditinstitute wurden während der Zeit der Gewährträgerhaftung und Anstaltlast z.b. überwiegend mit dem jeweils gültigen Rating der Bundesrepublik Deutschland geratet, wodurch schließlich eine günstigere Refinanzierung als bei privaten Banken möglich war.[14]

Der Beschwerde der privaten Banken war eine Mitteilung der EU-Kommission über ihre Haltung gegenüber staatlicher Beihilfe in Form von Haftungsverpflichtungen vorausgegangen.[15]

3.2. Durchführung

Nach dem Einreichen der Wettbewerbsbeschwerde begann die Informations- und Prüfungsphase der Europäischen Kommission, in der die Kommission zu dem Schluss kam, dass die Gewährträgerhaftung und die Anstaltlast als unzulässige Beihilfen nach dem EG-Vertrag einzustufen waren. Die Kommission legte daraufhin am 08. Mai 2001 einen Katalog mit zweckdienlichen Maßnahmen vor.[16]

Nach intensiven Verhandlungen im sogenannten Beihilfestreit, trafen am 17. Juli 2001 der Kommissar Mario Monti, der Staatssekretär Caio Koch-Weser, die Finanzminister der Länder Baden-Württemberg, Bayern und Nordrhein-Westen sowie der Präsident des DSGV Dietrich Hoppenstedt die grundlegende Brüsseler Verständigung „Verständigung über Anstaltlast und Gewährträgerhaftung betreffend Landesbanken

---

[13] Vgl. Deutscher Sparkassen- und Giroverband (2005), S. 3.
[14] Vgl. Hartmann-Wendels T., Weber M., Pfingsten A. (2010), S. 37.
[15] Vgl. Dietl. C. (2010), S. 63.
[16] Vgl. Pehla I.(2006), S. 33.

und Sparkassen".[17] Daneben wurden später noch zwei weitere Vereinbarungen geschlossen. Dabei handelt es sich zum einem um die „Schlussfolgerungen", in der die Unstimmigkeiten über den genauen Wortlaut geklärt wurden,[18] und zum anderem um die „Verständigung über deutsche Spezialkreditinstitute" vom 01. März 2002, welche den rechtlich-öffentlichen Förderinstituten weiterhin Anstaltlast und Gewährträgerhaftung zusichert.[19] Beide Vereinbarungen beziehen sich auf die grundlegende „Verständigung über Anstaltlast und Gewährträgerhaftung betreffenden Landesbanken und Sparkassen".

Die grundlegende Verständigung vom 17. Juli 2001 beinhaltet Rahmenvorgaben für die öffentlich-rechtlichen Kreditinstitute, welche in einem „Plattform-Modell" festgelegt wurden.[20] Diese sahen neben der vollständigen und ersatzlosen Abschaffung der Gewährträgerhaftung folgende grundsätzlichen Änderungen bei der Anstaltlast vor:

> *„a)   Die finanzielle Beziehung zwischen dem öffentlichen Eigner und dem öffentlichen Kreditinstitut darf sich nicht von einer normalen wirtschaftlichen Eigentümerbeziehung gemäß marktwirtschaftlichen Grundsätzen unterscheiden, so wie der zwischen einem privaten Anteilseigner und einem Unternehmen in einer Gesellschaftsform mit beschränkter Haftung.*

> *b)   Jegliche Verpflichtung des öffentlichen Eigners zu wirtschaftlicher Unterstützung des öffentlichen Kreditinstituts und jeglicher Automatismus wirtschaftlicher Unterstützung durch den Eigner zugunsten des öffentlichen Kreditinstituts ist ausgeschlossen. Es besteht keine unbeschränkte Haftung des Eigners für Verbindlichkeiten des öffentlichen Kreditinstituts. Es gibt keine Absichtserklärung oder Garantie, den Bestand des öffentlichen Kreditinstituts sicher zu stellen.*

> *c)   Die öffentlichen Kreditinstitute werden den gleichen Regeln für den Insolvenzfall wie private Kreditinstitute unterworfen, ihre Gläubiger werden somit in ihrer Position denen privater Kreditinstitute gleichgestellt.*

---

[17] Vgl. http://archiv.dstgb.de/homepage/pressemeldungen/archiv2001/newsitem00265/index.html, Stand: 31.10.2013.
[18] Vgl. Pehla I. (2006), S. 34.
[19] Vgl. Pehla I.(2006), S. 36.
[20] Vgl. Europäische Kommission (2001), Verständigung vom 17. Juli 2001, S. 4.

d)   Diese Grundsätze gelten unbeschadet der Möglichkeit des Eigners, wirtschaftliche Unterstützung in Einklang mit den Beihilferegelungen des EG-Vertrags zu gewähren. "[21]

Für die Veränderung der Haftungsgrundlage bei den öffentlich-rechtlichen Kreditinstituten wurde eine Übergangfrist von vier Jahren eingeräumt, welche bis zum 18. Juli 2005 galt. In dieser Zeit durften Gewährträgerhaftung und Anstaltlast weiter bestehen bleiben.

Es wird der Bestandsschutz für Altgeschäfte (Grandfathering I) und die o.g. Übergangsregel für Neugeschäfte (Grandfathering II) unterschieden. Altgeschäfte, also Verbindlichkeiten die am 18. Juli 2001 bestanden, gehören dem Grandfathering I an und sind bis zum Ende Ihrer Laufzeit über die Gewährträgerhaftung vollumfänglich geschützt. Für Neugeschäfte gilt das Grandfathering II. Es umfasst alle Verbindlichkeiten, welche vor dem 19. Juli 2005 begründet wurden und deren Laufzeit nicht über den 31. Dezember 2015 hinausgeht. Für diese Verbindlichkeiten gilt dann ebenfalls weiterhin die Gewährträgerhaftung in vollem Umfang. Die Anstaltlast wurde ab dem 19. Juli 2005 durch eine normale markt-wirtschaftliche Eigentümerbeziehung zwischen den Trägern und der Bank ersetzt, welche den zuvor genannten Regeln des „Plattform-Modell" unterlag.[22]

3.3. Folgen

Den Wegfall der Gewährträgerhaftung und die Veränderung der Anstaltlast haben die Verbraucher am deutlichsten gespürt. Die deutschen Sparkassen sind ein wichtiger Faktor für die regionale Wirtschaft. Des Weiteren stellen Sie eine Bargeldversorgung auch in unrentablen Gebieten sicher. Durch die neuen Haftungsgrundlagen sind die Sparkassen jedoch gezwungen, profitabler zu arbeiten. Eine Folge der neuen Haftungsgrundlagen ist daher die Schließung von unrentablen Geschäftsstellen. Seit dem Jahr 2000 haben die Sparkassen und Landesbanken bereits 4.436 von 17.530 Geschäftsstellen geschlossen, dies entspricht ca. 25%.[23]

Eine weitere Folge ist, dass immer mehr Sparkassen fusionieren.[24] Durch die veränderte Anstaltlast ist eine Kapitalerhöhung deutlich schwieriger geworden, da strenge Kriterien

---

[21] Europäische Kommission (2001), Verständigung vom 17. Juli 2001, S. 4.
[22] Vgl. Deutscher Sparkassen- und Giroverband (2005), S. 7.
[23] Vgl. Fehr M., Welp C. (2014), S.48.
[24] Vgl. http://www.zeb.de/de/kunden-maerkte/kunden-/sparkassen/index.html, Stand: 09.02.2014.

und Maßnahmen der EU zum Beihilferecht eingehalten werden müssen. Durch eine Fusion steigt einerseits das Kapital, auf der anderen Seite können durch Synergieeffekte und Zusammenlegungspotential Kosten eingespart werden.

4. Auswirkung durch den Wegfall der Gewährträgerhaftung anhand der Helaba

4.1. Unternehmensprofil

Anhand der Helaba wird im folgenden Kapitel erläutert, welche Auswirkungen der Wegfall der Gewährträgerhaftung auf das Institut hatte.

Die Helaba ist eine Landesbank, welche am 01. Juni 1953 aus dem Zusammenschluss der Hessischen Landesbank Darmstadt Girozentrale, der Nassauischen Landesbank Wiesbaden und der Landeskreditkasse zu Kassel entstand. Mit dem Geschäftsvolumen von rund 200 Milliarden Euro und ca. 6.500 Mitarbeitern gehört die Helaba zu den führenden Banken Deutschlands. In den Bundesländern Hessen, Thüringen, Nordrhein-Westfalen und Brandenburg fungiert sie als Sparkassenzentralbank und ist somit Partner für 40 Prozent der deutschen Sparkassen. Die Helaba ist eine Anstalt des öffentlichen Rechts und gehört damit zu den öffentlich-rechtlichen Kreditinstituten. Die Zentralen befinden sich in Frankfurt am Main und Erfurt. Auch in Düsseldorf und an weiteren Standorten in Deutschland werden Niederlassungen unterhalten. Ebenfalls hat die Helaba internationale Standorte, z.b. in London, New York, Shanghai oder Moskau.[25] Im Jahr 2012 hat die Helaba das Sparkassengeschäft der WestLB mit einer Bilanzsumme von ca. 40 Milliarden Euro übernommen, nachdem die EU-Kommission die Aufspaltung der WestLB angeordnet hatte.[26]

4.2. Auswirkungen auf das Institut und die Kunden des Instituts

Die Aufgaben der Helaba gliedern sich in drei Grundaufgaben. Zum einem betreibt sie ein Großkundengeschäft. Zum anderen führt sie ein Verbund-, Privatkunden- und Mittelstandsgeschäft. Des Weiteren führt die Helaba ein Öffentliches Förder- und Infrastrukturgeschäft.[27] Aufgrund der "Verständigung der Spezialkreditinstitute" vom 01. März 2002 bestehen für den zuletzt genannten Geschäftszweck weiterhin die Anstaltlast sowie die Gewährträgerhaftung. Daher war es nötig, die Förderbank aus der Helaba abzuspalten. So entstand die WI-Bank, welche im Staatsvertrag geregelt ist. Die WI-Bank fungiert als eine unselbstständige Anstalt des öffentlichen Rechts.[28]

---

[25] Vgl. https://www.helaba.de/de/DieHelaba/UeberUns, Stand: 18.11.2013.

[26] Vgl. http://www.welt.de/print/welt_kompakt/duesseldorf/article109314625/WestLB-Nachfolge-Helaba-startet-in-Duesseldorf.html, Stand: 15.12.2013.

[27] Vgl. https://www.helaba.de/de/DieHelaba, Stand: 18.11.2013.

[28] Vgl. Staatsvertrag über die Bildung einer gemeinsamen Sparkassenorganisation Hessen-Thüringen vom 20.06.2008.

Eine weitere Auswirkung, welche durch den Wegfall der Haftungsgrundlagen ausgelöst wurde, war die Ratingverschlechterung der Helaba. Deutlich wird dieser Unterschied im Jahr 2006, da hier gleich zwei Ratings erstellt wurden sind. Eines für Verbindlichkeiten der Helaba nach dem 18. Juni 2005 und eines für Verbindlichkeiten, welche vorher entstanden sind und damit dem Grandfathering unterliegen.

	Moody's Investors Service	Fitch Ratings	Standard & Poor's Corp.
Langfristige Verbindlichkeiten	Aa2	A+*	A
Kurzfristige Verbindlichkeiten	P-1	F1+*	A-1
Öffentliche Pfandbriefe	Aaa	AAA	AAA
Hypothekenpfandbriefe	-	AAA	-
* Gemeinsames Verbundrating der Sparkassen-Finanzgruppe Hessen Thüringen			

Tabelle 1: Ratings der Helaba (Stand 01.05.2006)[29]

	Moody's Investors Service	Fitch Ratings	Standard & Poor's Corp.
Langfristige Verbindlichkeiten	Aaa	AAA	AA
Kurzfristige Verbindlichkeiten	P-1	F1+	A-1+
Öffentliche Pfandbriefe	Aaa	AAA	AAA
Hypothekenpfandbriefe	Aaa	AAA	AA

Tabelle 2: Ratings für Verbindlichkeiten der Helaba, die der Gewährträgerhaftung unterliegen (Stand 01.05.2006)[30]

Die drei großen Rating-Agenturen Moodys's, S & P und Fitch haben das Rating der Helaba ohne Gewährträgerhaftung um jeweils min. 2 Kategorien gesenkt. Bei Fitch und S&P bewirkt die Herabstufung einen Wechsel im Investmentgrade von „sehr guter" zu „guter" Bonität. Die Ausfallwahrscheinlichkeit für Verbindlichkeiten, welche der Gewährträgerhaftung unterliegen, liegt aufgrund der Ratings bei ca. 0,00%, für Verbindlichkeiten ohne Gewährträgerhaftung bei ca. 0,20%.[31] Es handelt sich nach wie vor um kein schlechtes Rating, dennoch stellt dieses einen deutlichen Risikozuwachs dar, welcher mit höheren Refinanzierungskosten ausgeglichen wird.

---

[29] Quelle: Geschäftsbericht 2005, Landesbank Hessen-Thüringen (2006).
[30] Quelle: Geschäftsbericht 2005, Landesbank Hessen-Thüringen (2006).
[31] Vgl. Ettmann B., Wolff K., Wurm G. (2011), S. 178.

4.3. Neue Anforderungen an das Management

Für das Management der Helaba begann im Jahr 2001 mit dem neuem Vorstandsvorsitzender Günther Merl ein ganz neuer Abschnitt.[32] Erstmals in der Geschichte der öffentlich-rechtlichen Bank, war es möglich, dass diese Bank ab Mitte 2005 insolvenzfähig war. Die Gewährträgerhaftung wurde zu diesem Zeitpunkt ersatzlos gestrichen und die Anstaltlast in eine normale private-wirtschaftliche Eigentümerbeziehung verändert. Durch diese veränderte Marktsituation wurde bewusst, dass auch die günstige Refinanzierung über die Kapitalmärkte in der Zukunft nicht mehr möglich wäre. Das Management stellte sich dementsprechend früh auf die veränderten Marktbedingungen ein. Aufgrund der Übergangsfrist von vier Jahren blieben vier Jahre Planungszeit, in denen das Management einen Strategie entwickeln konnte, wie es weiter die Leistungsfähigkeit des Kreditinstituts sichert.

Es handelte sich dabei um das Strategiekonzept „Helaba 2015", mit dieser Strategie wollte das Management das Geschäft auf den drei bereits o.g. Grundpfeilern weiter ausbauen um damit auch die Kreditwürdigkeit sicherstellen. Zentrales Element war der Ausbau des Verbundgeschäfts, welcher eine intensivere Zusammenarbeit mit den hessischen Sparkassen bedeutete.[33] Im Jahr 2012 wurde das Verbundgeschäft mit der Übernahme des Sparkassengeschäfts der WestLB mit den nordrhein-westfälischen Sparkassen deutlich erweitert.

4.4. Kritische Würdigung und Handlungsempfehlung

Die Helaba hat frühzeitig auf die veränderten Marktbedingungen mit der Strategie „Helaba 2015" reagiert. Ein wichtiger Schritt war die Konzentration auf das Verbundgeschäft, da die Sparkassen durch Ihre Privatkunden nicht so vom Kapitalmarkt abhängig waren, wie die Helaba selbst. Dadurch war die Veränderung, durch den Wegfall der Gewährträgerhaftung und die Veränderung der Anstaltlast, für die Sparkassen deutlich geringer. Problematisch war jedoch die Ausweitung des Firmenkundengeschäfts bei der Helaba, da hier teilweise Kundenengagements von angeschlossen Sparkassen übernommen hat. Durch diese Situation stehen die hessischen Sparkassen und Helaba im Firmenkundengeschäfts, insbesondere beim

---

[32] http://www.wiwo.de/koepfe-der-wirtschaft/guenther-merl/5286402.html, Stand: 15.12.2013.
[33] Vgl. Dietl. J. (2010), S. 97 f..

Mittelstandgeschäft in Konkurrenz zueinander.[34] Grundsätzlich wurde die Leistungsfähigkeit der Helaba auch nach dem Wegfall der Haftungsgrundlagen beigehalten. Auch durch die beschrieben Übernahme des Verbundgeschäftes der WestLB konnte die Helaba weiter wachsen.

---

[34] Vgl. http://www.genios.de/branchen/landesbanken_perspektiven_nach_dem/s_ban_20051129.html, Stand: 31.10.2013.

5. Fazit

In der vorliegenden Arbeit wird deutlich, dass die Gewährträgerhaftung sowie die Anstaltlast einen Wettbewerbsvorteil darstellten. Über diese beiden Haftungsinstrumente konnten sich die öffentlich-rechtlichen Kreditinstitute über die Kapitalmärkte deutlich günstiger refinanzieren. Am deutlichsten wurde dies bei den Landesbanken, da diese einen Großteil des Refinanzierungsgeschäfts der regionalen Sparkassen betreiben und auch hohe Aktivengagements bei internationalen Großkonzernen besitzen.

Im Verlauf der Arbeit wurde ebenfalls gezeigt, dass der alleinige Wegfall der Gewährträgerhaftung keinen großen Einfluss gehabt hätte, da die Anstaltlast immer vor der Gewährträgerhaftung hätte greifen müssen. In den Medien wurde jedoch immer vom Wegfall der Gewährträgerhaftung gesprochen. Die deutlich wichtigere Anstaltlast spielte dort eine nur untergeordnete Rolle.

Die Sparkassen vor Ort stellen aus der Historie heraus eine Bargeldversorgung sicher. Aus diesem Grund wurden oft auch unrentable Geschäftsstellen betrieben. Mit den neuen Haftungsgrundlagen sind die Sparkassen jedoch immer mehr gezwungen profitabler zu arbeiten. In Betrachtung von Basel III haben die öffentlich-rechtlichen Kreditinstitute nun sogar einen Nachteil gegenüber den privaten Banken, da diese keine Kapitalerhöhung über die Börse durchführen können. Eine Kapitalerhöhung aus den Mitteln der Träger, welche im Zweifel eine unerlaubte Beihilfe darstellen könnte, ist deutlich aufwendiger und im Rahmen des Beihilferechts kritisch zu sehen.

Das subjektive Vertrauen der Verbraucher zu Sparkassen und Landesbanken ist trotz des Wegfalls der Gewährträgerhaftung und Veränderung der Anstaltlast weiterhin auf hohem Niveau geblieben.[35] Die höheren Finanzierungskosten, welche Unternehmen bei Landesbanken und Sparkassen zahlen müssen, werden zweifelsfrei auch an die Verbraucher weitergegeben. Aus diesem Grund ist der Verbrauer derjenige, der am meisten die Veränderungen der Haftungsgrundlage spürt.

---

[35] Vgl. http://www.wiwo.de/unternehmen/wiwo-vertrauensindex-deutsche-vertrauen-sparkassen-am-meisten/5650974.html, Stand: 08.02.2014.

Literaturverzeichnis

Deutscher Sparkassen- und Giroverband (2013): Der Finanzbericht 2012, Berlin 2013

Deutscher Sparkassen- und Giroverband (2005): Fakten, Analysen, Positionen 16 - Für die Kunden der Sparkassen ändert sich nichts – Informationen zu Anstaltslast und Gewährträgerhaftung, Berlin 2005

Dietl, C. (2010): Das Ende der Anstaltlast und der Gewährträgerhaftung – Materielle Privatisierung der öffentlich rechtlichen Sparkassen und Landesbanken, Duisburg 2010

Europäische Kommission (2001): Verständigung vom 17. Juli 2001 Verständigung über Anstaltslast und Gewährträgerhaftung, Brüssel 2001

Ettmann B., Wolff K., Wurm G. (2011): Kompaktwissen Bankbetriebslehre, 19. Aufl., Köln 2011

Fehr M., Welp C. (2014): Flucht aus der Fläche, in: WirtschaftsWoche, 2014, Nr. 6, S.48-49

Geiger, H. (1992): Die deutsche Sparkassenorganisation, 2. Aufl., Frankfurt am Main 1992

Hansmeyer, E. (1991): Rechtsform und Sicherung der Eigenkapitalversorgung von Landesbanken/Girozentralen, Diss., Bonn 1991

Hartmann-Wendels T., Weber M., Pfingsten A. (2010): Bankbetriebslehre, 5. Aufl., Heidelberg 2010

Hasselmann, A. (2000): Die Ausschlußtatbestände für den Beihilfebegriff des Art. 87 EGV am Beispiel von Anstaltslast und Gewährträgerhaftung im öffentlichen-rechtlichen Bankensystem der Bundesrepublik Deutschland, Diss., Frankfurt am Main 2001

Kellermann, B. (2012): Wettbewerbssituation im Privatkundengeschäft, Bonn 2012

Landesbank Hessen-Thüringen (2006): Geschäftsbericht 2005, Frankfurt am Main 2006

Nachbaur, M. (**1995**): Vertikale Verbundkooperation zwischen Sparkassen und Girozentralen, Frankfurt am Main 1995

Niemeyer, B. (**1990**): Genußrechtskapital von Privaten bei Sparkassen und Landesbanken/Girozentralen, Diss., Bonn 1990

Pehla, I. (**2006**): Der Haftungsverbund der Sparkassen-Finanzgruppe, Stuttgart 2006

Internetquellen:

http://archiv.dstgb.de/homepage/pressemeldungen/archiv2001/newsitem00265/index.ht ml, Stand: 31.10.2013

http://www.genios.de/branchen/landesbanken_perspektiven_nach_dem/s_ban_2005112 9.html, Stand: 31.10.2013

https://www.helaba.de/de/DieHelaba, Stand: 18.11.2013

https://www.helaba.de/de/DieHelaba/UeberUns, Stand: 18.11.2013

http://www.welt.de/print/welt_kompakt/duesseldorf/article109314625/WestLB-Nachfolge-Helaba-startet-in-Duesseldorf.html, Stand: 15.12.2013

http://www.wiwo.de/koepfe-der-wirtschaft/guenther-merl/5286402.html, Stand: 15.12.2013

http://www.wiwo.de/unternehmen/wiwo-vertrauensindex-deutsche-vertrauen-sparkassen-am-meisten/5650974.html, Stand: 08.02.2014

http://www.zeb.de/de/kunden-maerkte/kunden-/sparkassen/index.html, Stand: 09.02.2014